PARALLÈLE

DES TEMPLES ANCIENS,

GOTHIQUES ET MODERNES.

PARALLÈLE

DES TEMPLES ANCIENS,

GOTHIQUES ET MODERNES;

PAR J. C. HUET,

Sous-chef de division à la Grande-Chancellerie
de la Légion d'honneur.

———

A PARIS,

Chez {

DESENNE aîné, Libraire, rue de Rivoli, n.° 14,
près la galerie Delorme, vis-à-vis le pavillon
des Tuileries;
LENORMANT, Imprimeur-Libraire, rue des Prêtres
Saint-Germain-l'Auxerrois, n.° 42.

1809.

Persuadé qu'il est difficile d'émettre, sur les temples anciens et modernes, des idées plus sages et plus ornées que M. L. M., de faire preuve d'une imagination riche et brillante, comme M. l'abbé Laugier, et de réunir à la profondeur des connoissances un talent aussi distingué que M. Leroy, nous aurions renoncé à écrire sur cette matière, si notre but avoit eu quelque chose de commun avec celui de ces hommes ingénieux et expérimentés.

Nous nous sommes proposé d'établir un parallèle des temples anciens, gothiques et modernes.

Ce parallèle est d'un puissant inté-rêt pour le perfectionnement de l'architecture. Il manquera au succès dont il est susceptible, d'être traité, non avec plus de zèle, mais avec plus de moyens.

———

PARALLÈLE

DES TEMPLES ANCIENS,

GOTHIQUES ET MODERNES.

Présenter succinctement l'origine des temples, exposer les motifs qui les ont fait élever, comparer ceux des païens avec ceux des Chrétiens, établir le parallèle des basiliques gothiques avec celles qui empruntent leur décoration des ordonnances grecques, proposer un genre d'architecture spécialement et uniquement consacré à ces sortes d'édifices, tels sont les motifs qui nous ont guidés dans ce travail.

Si les hommes dont le talent honore la science et l'art, prennent la peine de l'examiner avec quelque attention, ce sera beaucoup pour nous : ce sera tout s'ils daignent encourager nos efforts.

Mais à ceux qui répètent sans cesse qu'il faut se défier des innovations dans les arts, nous répondrons qu'il faut aussi se défendre de toute prévention ; car une injuste prévention peut suspendre ou arrêter leurs progrès , comme une innovation malheureuse tend à les replonger dans l'ignorance et la barbarie.

DANS les premiers âges du monde, les hommes, éprouvant simultanément le besoin de se réunir en société, autant pour échapper aux attaques des animaux que pour donner un noble essor à leur intelligence, conçurent le projet d'établir des lois protectrices de cette association : mais sur quoi poser leurs bases ? comment tracer, d'une manière certaine, les devoirs que chacun doit remplir?

Persuadés que le succès d'une si vaste entreprise dépend de la source à laquelle on puise, ils fondent la morale sur la nécessité d'être justes envers leurs semblables ; la religion sur les bienfaits de la Providence.

Comblés de tous les dons, ils n'aspirent

qu'au bonheur de manifester leur reconnoissance; et, cédant à cette douce impulsion, ils
prient en tout lieu, sur les montagnes, dans
les plaines, au milieu des forêts les plus
épaisses, jusque dans les cavernes les plus
ténébreuses.

Bientôt quelques-uns d'entre eux com-
posent des hymnes et des cantiques. Pour
charmer ceux qui les écoutent, ils y adaptent des chants simples et mélodieux.

Vous, peuples qui avez professé la doctrine
des Mages; vous, Perses et Druïdes, qui,
considérant l'univers comme le seul monument digne de l'Éternel, ne construisîtes
aucun temple, dites-nous, lorsque, réunis
sur le site le plus élevé, vous faisiez éclater
les témoignages de votre amour et de votre
admiration religieuse, combien de fois le
cèdre hospitalier ne s'est-il pas enorgueilli de
couvrir de son ombre protectrice ceux qui
répétoient vos chants d'allégresse?

Mais ces chants qui devoient contribuer à

rendre les cérémonies plus augustes, étant quelquefois troublés, on se rassembla dans des lieux écartés. Pour leur donner une apparence plus mystérieuse et pour en dérober l'aspect aux profanes, on les environna d'arbres et d'arbustes.

Ne cherchons point à tracer ici le tableau de ces heureuses réunions; ne cherchons point davantage à décrire les temples de la plus haute antiquité; le temps les ayant dérobés aux sciences et aux arts, ils sont devenus la propriété de l'histoire. Ne nous arrêtons pas même aux descriptions qu'elle nous en donne, parce qu'en fait d'art, l'histoire de l'antiquité ressemble un peu aux récits de certains vieillards, qui, à force de raconter diversement leurs exploits, affirment aujourd'hui le contraire de ce qu'ils ont dit hier.

En effet, quel est l'historien judicieux qui nous garantiroit l'authenticité des descriptions de ce fameux temple que Bélus fit élever en son honneur, et qui, selon M. Noël (1), étoit le plus singulier par sa grandeur et sa structure? Qui nous donneroit les plans exacts de celui de Salomon, si célèbre par son étendue, sa magnificence et sa somptuosité, quand nous n'avons eu pendant long-temps que des relations très-équivoques sur ceux des Égyptiens? De tant de contradictions, comment seroit-il possible de tirer des conséquences utiles aux progrès de l'architecture de nos temples? comment pourrions-nous raisonnablement faire remonter nos observations à des époques antérieures à celles où les Grecs devinrent célèbres dans la pratique des arts, si Bossuet et plusieurs autres historiens n'eussent relevé avec tant d'éclat le mérite des constructions égyptiennes; si, récemment, un homme qui chérit les arts et les cultive avec succès (2), n'eût conçu et exécuté, en Égypte même, un ouvrage dans lequel

----

(1) Dictionnaire de la Fable par M. Noël.

(2) M. Denon, directeur des musées français.

nous trouvons les plans d'édifices qui attestent encore, après quatre mille ans, la puissance et la sagesse de ce peuple? Dans sa prospérité, il attachoit beaucoup de gloire à élever des monumens gigantesques; ils rappellent tous de grandes idées fortement exprimées. Les Égyptiens n'avoient pas, il est vrai, ce fini, ce précieux, ce délicat qui nous séduit dans les temples grecs; mais, ayant toujours en vue la majesté de la nature, ils vouloient imprimer sur toutes leurs productions le sceau de l'immortalité.

A l'examen des temples de ces deux peuples, ajoutons celui des temples romains : considérons-les d'abord sous le point de vue moral, puis sous le rapport de l'architecture en général.

Quant aux temples gothiques dont l'étude a toujours été négligée, nous en parlerons d'une manière plus étendue; ce que nous en dirons deviendra peut-être une nouvelle preuve que les sciences exactes, toujours susceptibles de nouveaux progrès, tendent sans cesse à la perfection, tandis que les arts ont des bornes que le génie le plus vaste ne peut dépasser.

Essayons maintenant de deviner à quelle source les Égyptiens puisèrent les motifs de leurs grandes constructions.

La sévérité de leurs principes, l'austérité de leurs mœurs, les mystères dont ils enveloppent les dogmes de leur religion, la qualité, le volume et l'abondance des matériaux que produisent leurs riches contrées, tout fait naître en eux le goût des monumens les plus merveilleux. Ils se distinguent par la solidité qu'ils donnent à leurs constructions, et par l'immensité des travaux qu'elles exigent. Ils ouvrent des carrières de toutes parts; ils en tirent des pierres énormes, les travaillent avec soin, les assemblent avec art, et, comme par magie, les élèvent à des hauteurs excessives. Jamais de porte-à-faux; de grandes lisses, des saillies peu multipliées, point de ressauts, rien de hasardé. A défaut de connoissances nécessaires pour bâtir des voûtes, ils emploient des matériaux d'une grosseur prodigieuse ; portés les uns par les autres, ils forment en quelque sorte des plafonds naturels, semblables à ceux que le déplacement de quelques portions de roches produit dans nos carrières. Enfin les entre-colonnemens et les vides sont couronnés par des plates-bandes taillées dans un seul bloc. Quoique cette bâtisse ne présente aucune difficulté, il n'en est pas moins vrai que la science étoit très-avancée chez eux ; et nous ignorons encore comment ils ont pu élever des constructions si colossales, et qui devoient nécessiter des moyens d'exécution si extraordinaires.

Moins heureux sous le rapport de l'art, ils nous les montrent dans l'enfance ; ni l'esprit ni le sentiment qu'ils manifestent dans la composition de leurs hiéroglyphes, n'ont pu leur mériter, dans la suite, le suffrage des

Grecs. Leurs colonnes n'ont aucune grâce; elles sont lourdes, sans base; leurs chapiteaux bizarrement ornés, et les entablemens qui les couronnent sont trop massifs. Leurs plans offrent des formes irrégulières, et manquent par conséquent de symétrie. La distribution en est compliquée; elle présente une multitude de divisions qui n'ont que peu de rapports entre elles; et cependant, malgré tous ces défauts, l'aspect de ces monumens éternels impose et aux hommes et aux siècles. « Les ouvrages des Égyptiens, dit » Bossuet, étoient faits pour tenir contre le » temps. Leurs statues étoient des colosses. » Leurs colonnes étoient immenses. L'Égypte » visoit au grand, et vouloit frapper les yeux » de loin, mais toujours en les contentant par » la justesse des proportions » (1).

Les Grecs travaillent pour la gloire, et ne songent qu'à provoquer le souvenir de la

____

(1) Histoire universelle de Bossuet.

valeur et du talent des hommes qu'ils ont déifiés. Ils tendent moins à perfectionner la science qu'à donner à leurs ouvrages cette noblesse et cette élégance qui les distinguent: ils ne veulent point élever de masses, ils visent à être gracieux et naturels. Unité dans les plans, harmonie de lignes droites, pureté dans les formes, bel appareil de pierres, heureuse combinaison dans l'assemblage, précision dans les joints, justesse dans les aplombs; tel est leur système. Ils donnent à presque tous leurs temples la forme d'un carré long, divisé souvent en deux et quelquefois en trois parties séparées par des murs ou des rangées de colonnes, de manière à offrir toujours une pièce principale. La plupart ont un péristyle orné d'une ou de plusieurs rangées de colonnes, et très-souvent sur les trois autres faces ils sont environnés de portiques. On en trouve même quelques-uns de ce genre en Égypte; avec cette différence, que les colonnes d'angle sont remplacées par des pilastres , ou des pieds-droits, afin de multiplier les forces.

Mais les arts cultivés par les Égyptiens ne paroissent aux Grecs que des embryons informes; ils les créent de nouveau. Athènes les accueille, les adopte, et leur prodigue la richesse et l'éclat. Elle fonde leur gloire sur la parfaite imitation de la nature, les assujettit au sentiment du beau idéal, les porte par ce moyen au plus haut point de perfection, et Rome bientôt s'efforcera vainement d'ajouter une palme à leur couronne.

Les Romains, professant une religion à peu près semblable à celle des Grecs, choisissent d'abord la même forme de temples, la même manière de les construire et de les décorer : mais bientôt, s'élançant au-delà des limites que leurs maîtres semblent avoir tracées , ils l'emportent sur eux par la masse, le disputent aux Égyptiens par l'étendue, l'élévation, et la multiplicité des colonnes qu'ils placent au dedans et au dehors ; par ce moyen ils produisent de magnifiques effets de perspective.

A l'aide de la géométrie, ils étendent le domaine de la science. Ils cintrent des portes, des arcs de triomphe ; ils bâtissent des voûtes ; et le Panthéon, monument de leur gloire, s'élève au milieu de Rome.

D'après ce que nous avons dit, il nous paroît juste d'accorder aux Égyptiens le mérite de la bonne construction ; aux Grecs, cette pureté et cette habileté d'exécution qu'aucun peuple n'a surpassées ; aux Romains, la vanité, bien excusable, de vouloir l'emporter sur les Égyptiens par la science, sur les Grecs par les arts.

Ainsi les architectes de Memphis, d'Athènes et de Rome, ont constamment avancé la science ; et les arts inventés par les Grecs, n'ont point dégénéré chez les Romains.

Mais où les Grecs avoient-ils puisé ce goût qu'ils répandoient sur toutes leurs productions ? Le devoient-ils à la nature du sol

qui les avoit vus naître? Cette heureuse inspiration, que nous appelons génie, et qui se
manifeste chez quelques hommes privilégiés,
s'est-elle communiquée comme par miracle à
tout un peuple à la fois? Ou bien les premiers
qui possédèrent le goût des arts, avoient-ils
été en Égypte se pénétrer de la science
de la construction? l'étonnement dont ils
avoient été saisis à la vue de tant de mer-
veilles, avoit-il pu faire naître en eux des
idées sur les arts, différentes de celles des
Égyptiens, et plus rapprochées des beautés
de la nature? Ou enfin, quelques architectes égyptiens ont-ils quitté leur patrie
pour aller échauffer l'imagination des Grecs
par le récit de ce qu'ils avoient fait de prodi-
gieux, et, se conformant aux besoins et au
génie de ce peuple, leur ont-ils indiqué une
route opposée à celle qu'eux-mêmes avoient
suivie jusqu'alors?

Si notre supposition est fausse, on nous la
pardonnera sans doute, puisqu'il est constant

qu'après l'invasion de la Grèce, quelques-uns des hommes fameux qu'elle possédoit, se sont répandus chez les Latins, qu'ils y ont porté le goût des arts, et que pareille chose est arrivée souvent à des époques moins éloignées.

Mais qu'avons-nous besoin de chercher quels pays ont vu naître ces hommes assez heureux pour porter les uns chez les autres le sentiment des arts? Leur patrie n'est-elle point dans les lieux où ils les font briller de tout leur éclat? Cependant, malgré leurs efforts, l'architecture a subi de grandes variations dans chacune des contrées où elle a obtenu quelque crédit, et même dans plusieurs elle a changé de genre, sans jamais cesser de faire des progrès sous le rapport de la science.

Dans la construction des temples gothiques, nous aurons particulièrement occasion de le faire remarquer, et de regretter qu'aux connoissances mathématiques les architectes de ces grands monumens n'aient point ajouté celles des arts?

S'il m'étoit permis d'examiner combien les passions des hommes ont toujours été funestes au progrès des lumières, j'essaierois de prouver que les guerres de religion ont contribué au retour des siècles d'ignorance; que sans elles les sciences se seroient propagées insensiblement sur tous les points du globe, et que les arts auroient obtenu les mêmes succès. En effet, les Chrétiens, si long-temps aigris par le malheur, ont cherché dans la simplicité des mœurs les plus austères l'oubli de ce qui tenoit à la vanité : par-là ils ont fait croire qu'ils n'avoient aucune idée des arts. Mais quand il est constant que la Grèce fut dévastée d'une extrémité à l'autre, et qu'à d'autres époques les Gaulois saccagèrent Rome, peut-il tomber sous le sens que des armées entières aient parcouru des pays si riches en monumens, et que parmi tant de capitaines, assez expérimentés pour vaincre des guerriers jusqu'alors invincibles, il ne se soit trouvé que des barbares, incapables d'apprécier les beautés de cette multitude d'édifices qui couvroient le territoire d'Athènes et de Rome? Cela ne peut se présumer. Si donc ils négligeoient les arts, à quoi en attribuer la cause? cherchons-la d'abord dans la haine que les Gaulois portoient à des ennemis qui tant de fois avoient rabaissé leur fierté , et dont l'antique bravoure leur inspiroit encore tant de craintes ; ensuite dans la persuasion où ils étoient que le luxe avoit préparé la ruine des Romains comme il avoit précédemment opéré celle des Grecs ; et il ne paroîtra pas étonnant qu'ils aient pris un soin particulier d'écarter de leurs édifices religieux ce qui pouvoit les rapprocher de ceux du paganisme : jamais on n'y trouve rien de ce que les arts enfantent de sublime. Pour mieux faire sentir ces vérités, disons un mot sur les différences qui existoient entre la religion des Grecs et celle des Chrétiens.

Les Grecs, jaloux de se distinguer de toutes les nations de l'univers, voulurent se faire des Dieux.

Homère, dont le vaste génie embrasoit tous les peuples, profitant de leur délire, découvrit à leurs yeux un nouvel Olympe, et, prêtant aux personnages de cette cour céleste une force, une valeur, une intelligence, des vices et des vertus au-dessus de ceux des hommes, fit aisément passer pour Dieux ces géans de la mythologie qu'il venoit, pour ainsi dire, de créer (1). Et comment, par le charme de son imagination et la divine harmonie de ses vers, ne se seroit-il pas emparé de la crédulité des Grecs, surtout lorsqu'il étoit si facile d'éveiller en eux le sentiment de la gloire?

La religion chrétienne, au contraire, a pour principes l'humilité, la charité, et

---

(1) Presque tous les dieux de l'olympe, de la terre et des enfers, étoient nés chez les Grecs. *Temples anciens et modernes*, par M. L. M.

l'amour des vertus qui honorent les hommes dans quelque condition qu'ils soient.

Les Grecs construisoient des temples proportionnés à la taille de l'homme; les Chrétiens désiroient que les leurs imprimassent l'idée de la grandeur de Dieu. Les premiers mettoient de l'esprit et de la grâce dans leurs conceptions; les seconds laissoient parler le sentiment. Ainsi les arts devoient fleurir chez les Grecs par cela même que la gloire étoit leur passion dominante, tandis qu'ils pouvoient être négligés par les constructeurs des temples gothiques, que la piété seule dirigeoit.

Les Grecs avoient des temples d'une petite dimension (1) : ceux qui paroissoient dans les cérémonies, avoient seuls le droit d'y pénétrer ; le peuple restoit dans la place, sous les péristyles et sous les portiques qui les environnoient (2). Au contraire, les temples des

____

(1) Voyage d'Anacharsis.
(2) Il suffisoit souvent que l'intérieur de ces temples

Chrétiens sont vastes ; tous les habitans d'une même cité y doivent trouver leur place : c'est au milieu des fidèles que les prêtres y célèbrent les saints mystères, et qu'ils leur expliquent les dogmes de la religion chrétienne.

Ces divers temples n'ont donc entre eux aucun rapport, ni dans la forme, ni dans l'étendue, ni dans l'élévation. Ils n'en ont point davantage dans leur architecture. Celle des Grecs nous flatte et nous séduit, celle des Gaulois nous surprend et nous étonne. L'une enflamme l'imagination, l'autre éveille la sensibilité. Mais regardera-t-on toujours comme impossible de concilier le savoir du constructeur gothique avec l'esprit de l'architecte grec ? et ces voûtes en ogive qui produisent de si brillans effets de perspective, ces espèces d'arcades dont les portions de cercle forment une multitude de triangles

---

contînt les prêtres et les images des divinités qui y étoient révérées. *Histoire de la disposition et des formes des temples chrétiens,* par M. Leroy.

qui grandissent ces monumens et rappellent à la pensée de longues avenues de haute futaie, seront-elles à jamais proscrites de nos temples ? Si l'on prenoit la peine d'étudier ces hardis monumens, dignes en tout de leur objet, si l'on en publioit les descriptions avec un soin particulier, s'ils devenoient pour nous des sujets de méditation, peut-être qu'en mêlant aux délicieuses conceptions des Grecs quelques-unes des idées qui appartiennent aux constructions gothiques, parviendroit-on à créer un genre d'architecture spécialement consacré aux temples des Chrétiens : et n'est-ce pas en combinant diversement les ordonnances des Grecs, que les Romains sont parvenus à donner à leurs monumens une sorte de physionomie qui les caractérise ? Pourquoi n'aurions-nous pas la même ambition ? Faudra-t-il toujours nous traîner sur la routine, et resterons-nous encore long-temps Grecs ou Romains quand nous sommes Français ? Puisqu'ils n'avoient que des hommes pour Dieux, ils pouvoient n'établir que de légères différences entre leurs temples et leurs palais. Mais nous, dont la religion a un but si auguste et si solennel, qu'elle ne peut être comparée à aucune autre, quels moyens ne devons-nous pas employer pour enflammer notre imagination, quand nous songeons à élever des monumens qui doivent retentir des louanges de l'Éternel? Pour moi, lorsque je cherche à deviner la pensée des constructeurs de nos vieux monumens gothiques, je sens, malgré mon admiration pour les Grecs, que je me chargerois volontiers de plaider leur cause; et je me persuade que je trouverois facilement les moyens de les venger de l'indifférence qu'on leur témoigne depuis si long-temps, même en censurant avec une sévérité rigoureuse jusqu'aux plus petits détails de leurs monumens.

On me reprochera sans doute de trop m'étendre sur un genre d'architecture que le bon goût réprouve, de m'abandonner trop aisément aux idées que je prête aux architectes gothiques , et que s'ils se distinguèrent, c'est uniquement par la bizarrerie de leurs constructions. Mais cela est - il bien prouvé ? et si les arts en sont bannis, ces édifices ne peuvent-ils racheter ce défaut par des conceptions d'un mérite plus conforme aux sentimens de ceux qui les élevoient ?

Je le soutiens, il y a plus que de la science dans la construction de leurs temples : car si leur mérite est incontestable sous le rapport de la science, il ne l'est pas moins sous celui de l'art en général. Ils méritent la qualité d'artistes en ce que leurs monumens ont beaucoup d'ensemble et produisent de grands effets. En architecture, la science consiste à combiner avec la plus rigoureuse exactitude la possibilité d'exécuter les compositions de l'artiste. L'artiste, selon l'Académie, est celui qui travaille dans un art où le génie et la main doivent concourir ; le savant, celui qui sait beaucoup en matière de science. Or , en architecture, il faut commencer par être artiste, puis savant. Donc on ne peut refuser aux constructeurs gothiques ces qualités : car, ainsi que tous les architectes du monde, leurs plans étoient une œuvre d'imagination ; ils les traçoient ; ils en dessinoient les élévations, les coupes ; ils sentoient les effets de perspective qui en devoient résulter ; et la seule différence qu'il y avoit entre eux et nous, c'est qu'ils n'entendoient rien à la décoration. Ils manquoient de goût, parce que le goût s'épure chez les peuples qui cultivent avec succès les sciences et les lettres, et que les sciences et les lettres étoient en oubli chez les Gaulois. Mais, s'ils manquoient de goût, ils étoient doués de cette disposition naturelle, de cette capacité et de cette habileté qui sont la définition du talent. Ils possédoient encore cette érudition et cette expérience qu'on acquiert par l'étude, et que l'on nomme savoir. Si l'on ne peut leur contester ces deux genres de mérite, pourquoi leur refuser le titre d'architectes ? Oui, je le demande avec confiance, en est-il beaucoup parmi nous qui les égaleroient sous ces deux rapports ?

On dessine parfaitement aujourd'hui ; les plans que l'on compose sont très-bien ajustés ; les élévations et les coupes sont lavées avec un soin merveilleux : ce sont de véritables chefs-d'œuvre ; mais que prouvent ces chefs-d'œuvre ? Qu'en architecture nous avons les plus habiles et les plus ingénieux dessinateurs, mais que nous n'avons que peu d'architectes habiles et ingénieux (1).

Encore une fois, ne croyez pas que je veuille louer les architectes gaulois aux dépens des grecs, et qu'encore moins je veuille proposer de les imiter ; je désirerois seulement qu'on cherchât à deviner les motifs qui les inspiroient. Mais, vous, qui chérissez les

(1) Nous pensons qu'il y a beaucoup de partialité de la part de M. L. M. , d'appeler les architectes de nos anciennes cathédrales, *des maîtres maçons.*

arts; vous, si digne d'en dévoiler les secrets, de leur donner une vive impulsion; vous enfin, qui avez fait une étude approfondie de l'architecture et qui nous faites espérer depuis (1) si long-temps le code de ses lois; dites-nous, je vous prie, pourquoi, lorsque nous examinons les temples gothiques, sommes-nous plongés dans une sorte de stupéfaction? pourquoi nos ames sont-elles disposées à des affections pieuses? Quelles en sont les causes? les attribuerai-je au caprice et à la prévention? Je sais que le caprice peut entrer pour beaucoup dans le jugement que l'on porte sur les arts; je sais aussi combien la prévention peut suspendre les progrès de la science : mais ici, ni l'un ni l'autre ne peuvent y avoir part, puisque ces monumens sont étrangers aux arts, et que nous

-----

(1) M. Quatremère de Quincy, auteur des deux premières parties du Dictionnaire d'architecture faisant partie de l'Encyclopédie méthodique.

sommes d'accord sur la science de leurs constructeurs.

Leurs plans n'étant pas toujours dictés par la sagesse, n'offrant que rarement une parfaite régularité, et leurs élévations intérieures et extérieures étant pour l'ordinaire sans grâce et sans élégance, il faudra donc étudier sous de nouveaux rapports ces secrets mouvemens qui, lorsque nous y entrons, agitent nos sens diversement. Mais je les devinerai encore moins, si je m'arrête aux détails. Qu'y trouverai-je en effet? des masses informes, des piliers grossiers, différens entre eux de figure, de diamètre et d'espacement, souvent isolés ou environnés d'autres petits piliers rapprochés, ou parfois liés ensemble par des espèces de bourrelets ou petits tores : quelques-uns de ces petits piliers dépassent de beaucoup l'espèce de grosse colonne qu'ils accompagnent; quelques autres s'élancent d'un seul jet jusqu'à la naissance des arêtes des voûtes principales. Admirerons-nous ces gros piliers qui supportent

les ogives des bas côtés ? Leurs bases
manquent de proportion, de grâce ; et la plupart des ornemens qui décorent leurs chapi-
taux déshonoreroient le ciseau du sculpteur
le moins intelligent. Parlerai-je de ces galeries
mesquines au-dessus desquelles se trouvent
placées des croisées bizarrement travaillées,
ou dont les pieds-droits et les portions de
cintre formant ogive sont d'une nudité cho-
quante ? Mais, si je puis vanter ces grandes
rosaces qui terminent les nefs et dont la légèreté
fait le principal mérite, ou bien quelques-uns
de ces anciens jubés toujours mal placés, mais
dont les bas-reliefs, pour ainsi dire découpés,
servoient d'aliment à la curiosité, cela suffira-
t-il pour justifier les diverses sensations
dont nous avons parlé ? Ne naîtroient-elles pas
plutôt de la prodigieuse élévation des voûtes,
de la saillie de leurs arêtes, qui, se croisant et
se rapprochant, vont aboutir au centre des
voûtes souvent percées à jour, ou s'appuyer
contre leurs clefs presque toujours massives

ou pendantes, tantôt offrant à l'œil des ornemens en cul-de-lampe, sculptés grossière-
ment ; tantôt des figures grotesques, seules
ou groupées en contre-bas? Ne provien-
droient-elles pas plutôt de ces ouvertures
multipliées qui laissent passer le jour de tous
les côtés à la fois, comme il pénètre à travers
des branches d'arbre; ou enfin de ce jeu
magique de la multitude de piliers au milieu
desquels l'œil se perd en cherchant la pensée de
l'architecte? Rien de tout cela. L'effet est dans
l'ensemble, et non dans les détails. Il est causé
par cette masse générale dont la perspective
produit des effets si variés et si imposans; et
tout ce prestige et toutes ces illusions ne
peuvent être attribués qu'aux idées originales
produites par le génie du christianisme, qui
inspiroit sans doute les architectes de ces
temples. Entrons, dit M. l'abbé Laugier, dans
quelques-unes de nos belles églises gothiques;
plaçons-nous au centre de la croisée. Que
verrons-nous ? Une distribution charmante,

où l'œil plonge délicieusement, à travers plusieurs files de colonnes, dans des chapelles en
enfoncement, dont les vitraux répandent la
lumière avec profusion et inégalité ; un chevet
en polygone, où ces aspects se multiplient, se
diversifient encore davantage ; un mélange,
un mouvement, un tumulte de percés et de
massifs, qui jouent, qui contrastent, et dont
l'effet entier est ravissant (1).

Si l'on donne pour principe de la belle
architecture grecque l'imitation de quelques
cabanes, me permettra-t-on d'en chercher
une plus noble à l'architecture de nos monumens gothiques? Peut-être en trouverai-je
la source dans l'infortune de ces fameux
Druïdes, qui, à l'époque de leur prospérité,
bornoient leurs plaisirs à instruire les peuples
et les rois, et dont les maximes, aussi pures
que justes, s'imprimoient dans les cœurs,
où la tradition seule les conservoit.

----

(1) Observations sur l'architecture, par M. l'abbé
Laugier.

Pendant des siècles entiers, ils avoient vécu au sein de la paix. Mais comme des siècles de paix ne sont à l'espèce humaine en général que ce que la durée de quelques beaux jours est à l'homme, tout-à-coup persécutés et bannis de la Gaule, ils se réfugièrent dans le fond de la Germanie et dans les îles Britanniques. Les Bardes, dont les chants étoient si propres à calmer la douleur, les suivoient en tout lieu.

Comme les Druïdes, les Bardes étoient sans asile : comme eux, attachés au même culte, ils s'estimoient heureux quand leur puissante mélodie adoucissoit les maux de ceux dont ils partageoient l'infortune.

C'est au milieu des forêts qu'ils unissoient leurs voix : sous les arbres les plus élevés, sous ces voûtes de verdure, ils honoroient la Divinité, en contractant l'engagement de rester fidèles à leurs principes, et de fatiguer le malheur à force de constance.

Oh ! qu'ils devoient être grands et religieux, lorsque, retirés dans d'épaisses forêts, loin de se livrer au désir de la vengeance, il s'efforçoient d'oublier le passé! Oh! qu'ils devoient être sublimes, lorsqu'adressant au ciel des vœux pour leurs persécuteurs, le chant des Bardes agitoit, pour ainsi dire, les voûtes flexibles de leurs temples, pour laisser passer jusqu'au ciel des accens de la piété la plus fervente!

Je vous le demande : le silence des forêts, le frémissement des feuilles, l'agitation des arbres, l'attente d'une solennité imposante, la vénération qu'inspiroient les prêtres et le recueillement des assistans ; en falloit-il davantage pour électriser leurs ames, eux sur-tout dont l'imagination, toujours active, toujours pieuse, toujours mélancolique, se laissoit si facilement charmer par les illusions de l'espérance.

Eh! quel est celui qui, au sein du bonheur même, n'éprouva jamais ce prestige que produit sur nous l'aspect de ces grandes forêts ?

Sans doute, quelques compagnons des Druides et des Bardes, assez heureux pour pouvoir retourner dans leurs foyers, ne manquèrent pas de raconter ce qui les avoit le plus émus dans leur adversité. Sans éloquence comme sans prétention, ils dirent de quelle sainte terreur ils avoient été frappés à la vue de ces espèces de monumens formés au milieu des bois. Ces récits simples et naïfs dûrent pénétrer tous les cœurs, y graver de profonds souvenirs, et faire germer dans l'imagination des premiers architectes gothiques le désir d'imiter dans leurs constructions ces temples vivans, ouvrages de la nature.

Ne voyez-vous pas souvent des troncs peu élancés ressembler aux piliers des temples gothiques? N'avez-vous jamais remarqué dans les forêts ou dans les parcs, ces antiques avenues de haute futaie? Observez la position des premières branches; vous les verrez, sortant de leur tronc, présenter à vos yeux comme autant d'arêtes d'ogive, qui, se mariant à droite et à gauche avec celles des arbres voisins, forment, par leur réunion et leurs continuelles répé-tions, de longues voûtes de verdure à travers lesquelles l'œil se perd avec complaisance : les branches les plus élevées ne décrivent-elles point d'autres portions de cercle beaucoup plus grandes que les premières, et ne semblent-elles point inviter celles des arbres parallèles à se réunir pour couvrir le voyageur de leurs ombres hospitalières ? Rapprochez maintenant ces observations, et voyez si ce que nous avons dit est une conjecture.

Cependant, il faut l'avouer, à la première époque de l'architecture gothique, ces imitations étoient si informes, qu'il étoit difficile d'en reconnoître la source. Mais dans quelle situation politique se trouvoient alors les Gaulois? C'étoit un peuple traité comme esclave (1), ne pouvant rien par lui-même, n'entrant dans aucun conseil, plein de supers-

______

(1) Commentaires de César , *livre VI.*

tition, et ne possédant pour vertu que le souvenir d'avoir obéi aveuglément aux décisions
des Druïdes qui l'avoient gouverné. Aussi,
pour me servir des expressions de Montes-
quieu, les premiers temples construits dans
la Gaule pouvoient se comparer à une mai-
son où ils trouvoient la Divinité plus présente,
et où tous ensemble ils faisoient parler leur
foiblesse et leur misère (1).

Qui croiroit que de ces premiers essais
devoient éclore des idées neuves et hardies?
Sans doute elles ne promettoient point aux
arts un glorieux avenir ; elles n'en promettoient pas un plus heureux à la science, et
cependant celle-ci tira de ces timides ébau-
ches, je ne dis point sa richesse, mais son
triomphe et son luxe. A la vérité, il fallut
attendre ce prodige pendant plusieurs siècles :
mais, une fois sortis de leur abaissement, les
Gaulois obtiennent un rang parmi les peuples

____

(1) Esprit des lois, *liv. XXIV, chap.* 5.

les plus belliqueux; l'industrie s'étend, l'intelligence éclate, et les lumières de la science se répandent sur leurs productions.

Vrais chevaliers par l'honneur, la vaillance et la courtoisie, ils trouvent dans la pureté de leurs ames ce noble aiguillon qui conduit à la victoire; mus par le sentiment et le désir de s'illustrer, ils produisent de grandes choses, et présagent à leurs arrière-neveux une renommée beaucoup plus glorieuse et plus durable que la leur.

Hâtons-nous donc de détruire toute erreur qui tendroit à priver les Gaulois du mérite que nous remarquons dans l'érection de leurs temples. Avouons que faussement on attribue aux Arabes et aux Maures le mérite que l'on trouve dans l'élévation, la légèreté et la hardiesse des belles constructions gothiques. Naturellement inventifs, ils y ont eu grande part; ils ont même donné une grande impulsion à la science : mais leur accorder une préférence marquée sur les Gaulois, c'est commettre une injustice, puisqu'aux époques où les Arabes et les Maures bâtissoient en Espagne des temples de la plus grande dimension , les constructeurs gothiques en élevoient, dans toute la Gaule, d'une prodigieuse étendue, d'une hauteur inconcevable et d'une hardiesse singulière. Pourquoi donc priver nos ancêtres d'une portion de gloire acquise à tant de titres? Au contraire, montrons-nous jaloux de conserver à ces hommes ingénieux une réputation que leurs monumens justifient encore? Demandons à qui oseroit la leur contester, si les Arabes et les Maures sont les auteurs de ces vieux temples élevés depuis le neuvième jusqu'au quatorzième siècle?

En effet, celui de Reims leur doit-il l'élégance et la délicatesse de son portail? celui de Paris, son bel ensemble et l'aspect de cette masse, en quelque sorte égyptienne, qui en décore le frontispice? celui de Laon, la multitude de ses tours , le délié de

leur construction, ou bien cette espèce de
dôme carré qu'on ne trouve peut-être que
dans cet édifice, et qui auroit suffi pour
donner à Bramante l'idée ingénieuse et sublime du dôme de Saint-Pierre de Rome ?
Ont-ils bâti l'église de Saint-Denis, dont la
diversité d'architecture rappelle le sentiment,
le goût et l'esprit de trois siècles différens ?
Les travaux délicats, hardis et élevés du clo-
cher de Strasbourg, la forme élégante et
noble de celui de Chartres, sont-ils le fruit
de leur imagination? ont-ils inspiré à Soufflot
l'heureuse symétrie qui règne dans l'élévation des tours et sur toute la façade principale de Sainte-Croix d'Orléans? La construction légère de la cathédrale de Rouen, la
forme svelte et prodigieuse de la flèche de
Malines, que le dôme le plus magnifique n'é-
gale point en hauteur, leur ont-elles coûté
quelque effort de génie? Dira-t-on qu'ils ont
eu part à l'érection des temples de Lisieux,
de Verdun, de Saint-Remi de Reims, de la

Sainte-Chapelle de Paris, et de celle de Vincennes? ont-ils attaché leur nom à la basilique de Notre-Dame de Dijon, dont les voûtes sont regardées comme une merveille de la science; à celle de Saint-Urbain de Troyes, dont la délicatesse et la solidité n'ont rien qui puisse leur être comparé; à celle de Bourges, enfin, qui passe pour un des plus superbes temples de l'Europe?

Si, dans cette énumération des premières basiliques de France, nous n'avons point parlé de celle d'Amiens, c'est qu'elle mérite un examen particulier (1).

En effet, quel temple gothique peut lui être comparé? c'est un chef-d'œuvre pour la rectitude de son plan, de ses beaux percés

---

(1) L'accueil plein de bonté que nous avons reçu de M. de Demandolx, évêque d'Amiens, nous fait un devoir de consigner ici les témoignages de la reconnoissance que nous devons à ce prélat, qui, dans un voyage que nous avons fait pour étudier ce monument, a bien voulu nous faciliter les moyens de l'examiner jusque dans les plus petits détails.

de son magnifique ensemble, et de la symétrie la plus régulière, peut-être, que l'on puisse trouver dans ces édifices; mais, si nous en examinons les dehors, ce temple perdra de ses avantages. Il est orné d'une flèche en bois, qui n'offre d'intérêt que dans l'étude de sa charpente; ses tours sont peu élevées; une d'elles n'est point terminée; les arcs-boutans qui soutiennent les voûtes des grandes nefs et des côtés, présentent, quoique travaillées avec soin, un aspect aussi massif que celui de la basilique de Paris est gracieux et léger. Cependant, malgré ces défauts, j'oserois presque dire que la basilique d'Amiens est aux autres temples gothiques, ce que Saint-Pierre de Rome est aux temples modernes du premier ordre (1). Pourquoi n'avons-nous pas été à même d'étudier et de comparer les coupes

---

(1) Selon **M.** l'abbé Laugier, le temple d'Amiens est un des plus vastes et des plus magnifiques que l'architecture ait produits. *Observations sur l'architecture*, page 139.

de ces monumens, comme nous pouvons con-
noître leurs frontispices? nous nous serions
étendus davantage sur le genre de mérite qui
les caractérise et qu'on ne saura jamais apprécier.

Sans doute on auroit tort d'examiner si
l'architecture gothique a quelque similitude
avec celle des Grecs et des Romains : mais,
pour peu qu'on la compare à celle des Égyptiens, les rapports seront moins éloignés ; on
trouve souvent chez les Gaulois des hiéroglyphes, des symboles et d'autres décorations
imitées en quelque sorte des temples égyptiens : et si, comme l'avance M. Dupuis (1),
la religion chrétienne n'est qu'une suite du
culte exercé à Thèbes ou à Memphis, on sera
moins étonné de ces rapprochemens.

En effet, sous le rapport moral, les flèches
qui dominent nos temples, ne peuvent-elles
être comparées à des pyramides? et ces pyra-

____

(1) Origine de tous les cultes, par M. Dupuis.

mides, ces tours ou ces flèches, comme on voudra les nommer, sont-elles bâties seulement pour faire parade d'une vaine architecture, ou bien pour recevoir ces instrumens dont les sons indiquent le moment où l'on doit se réunir pour invoquer l'Eternel ?

Les pyramides des Égyptiens rappeloient à la pensée les hauts faits de leurs souverains : la vue de celles que les Gaulois plaçoient ordinairement au sommet ou sur les angles de leurs frontispices, et que nous retrouvons même dans les temples modernes, jouissent d'un plus noble privilége ; elles sont au sentiment des Chrétiens ce qu'est à l'espoir du marin le fanal construit à l'entrée d'un port, ou comme ces grands arbres placés sur les hautes montagnes pour servir de guide aux voyageurs qui parcourent des routes peu fréquentées.

A quelque distance qu'on les aperçoive, n'excitent-elles pas en nous de tendres sentimens ? Vous, bons habitans des campagnes ;

vous, paisibles citoyens, qui n'occupez ni places distinguées ni rang parmi les savans ou les artistes; vous qui, après une longue absence, laissez échapper quelques larmes en apercevant de loin la flèche qui orne le temple de votre pays natal, dites-nous si, dans le premier élan des transports qui vous agitent, l'image d'un père adoré, celles de parens chéris et de quelques amis fidèles, ne vous paroissent point comme attachées au sommet de ces pieux monumens; répétez-nous avec quels délices vous les fixez, combien de souvenirs heureux frappent à-la-fois votre imagination, et combien vous éprouvez de jouissances à l'aspect de cette basilique où vous avez puisé les principes de la plus saine morale.

Ne songez donc point à l'espèce de ridicule dont les froids égoïstes voudroient vous couvrir. Soyez certains que ces altiers monumens font naître chez tous les hommes doués d'une ame pure et franche, les douces émotions qui vous honorent.

Maintenant que nous avons traité la partie la plus agréable de notre sujet, il ne nous reste, ni conjectures à soumettre à la méditation, ni vérités à développer. Les premières ne peuvent se reproduire en aucune façon, puisqu'il ne s'agit plus que des temples modernes; les autres ne laissent que la possibilité de présenter des points de comparaison.

Fatigués d'une longue suite de persécutions, les Chrétiens commencent à respirer lorsque Constantin embrasse leur religion. Cet événement devient pour eux un véritable triomphe. Charmés de pouvoir se livrer publiquement à l'exercice d'un culte qui comble leurs espérances, ils abandonnent ces souterrains où tant de fois ils s'étoient dévoués à une mort qu'ils regardoient comme certaine.

Mais, depuis long-temps étrangers à l'étude des sciences et à la pratique des arts, comment les temples qu'ils veulent élever dans Rome seront-ils dignes de leur objet?

Quoi! les Romains, dans Rome même, n'ont aucun sentiment des arts! Quoi ! il existe encore des monumens de leur gloire, et personne ne sait ni les apprécier ni les imiter! les débris même de ceux que le fer et la flamme ont ravagés, ne peuvent exciter la moindre attention! Ainsi Rome se survit à elle-même, et se voit condamnée à subir encore long-temps le joug de l'ignorance et de la barbarie.

Cependant, par suite de cette protection singulière que Constantin accorde à la religion chrétienne, cette Rome jadis si superbe verra refleurir les arts ; brillante de leur éclat, elle redeviendra pour quelque temps la maîtresse du monde.

Mais la magnifique architecture des Grecs tire son origine de la plus modeste cabane ; la simple industrie du charpentier a fourni le type des éternels monumens de leur gloire ; ces monumens sont enrichis d'ordonnances qui ont pour base les proportions humaines ;

c'est dans leur enceinte qu'on adoroit de faux Dieux, et ces Dieux n'avoient été que des hommes : comment les Chrétiens, à une époque où ils avoient tant d'intérêt à faire éclater leur mépris pour les conceptions des Païens, pouvoient-ils élever des temples à l'Éternel sur les modèles de ceux des Grecs et des Romains ?

Cependant le besoin d'affermir leur religion, la nécessité de réunir les fidèles qui sont dans Rome, les forcent à se relâcher de la sévérité de leurs principes ; ils profitent des débris d'anciens monumens pour en ériger de nouveaux ; ils bâtissent sur les fondations de plusieurs petits édifices ; ils approprient à leurs dessins ces fondations ; ils emploient, sans discernement et sans choix, les colonnes qu'ils trouvent çà et là ; le marbre et la pierre entrent au hasard dans la construction. C'est après de longues années, que Brunelleschi, par son goût, sa constance et son zèle, détruit tout-à-coup l'illusion que produisoit cette espèce d'architecture gothique ; il se livre, comme par inspiration, à l'étude des monumens grecs ; la vue des sublimes parties d'ordonnances qu'il vient de tirer du sein de la terre, le saisit d'un noble enthousiasme ; il en développe les beautés, il éveille l'émulation des artistes : mais ce zèle si grand et si louable enflammera-t-il les Italiens, et concevront-ils des ouvrages gracieux et sublimes comme ceux des Grecs et des Romains ?

Animés du même esprit que Brunelleschi, les Italiens essayent leurs forces ; ils purgent l'architecture des vices que la barbarie des siècles avoit prolongés, et l'on voit renaître les germes du bon goût : mais souvent les ornemens mâles et vigoureux dont ils enrichissent l'architecture, ne brillent d'aucun éclat, parce qu'ils les surchargent d'autres ornemens d'un mauvais choix.

Moins réguliers dans la composition de leurs plans, que les Grecs et les Romains, les Italiens affectent d'employer toutes les espèces de lignes. Ils semblent redouter les formes les plus simples, et ne vouloir adopter que les figures géométriques les plus bizarres. Comment des plans si tourmentés ne nuiroient-ils point à l'effet général?

Il est rare de rencontrer dans leurs temples chaque chose à sa place. Si la nef est trop longue relativement à la partie appelée le chœur, les bras de la croix ne sont pas en proportion avec les deux autres parties ; les bas-côtés sont interrompus ; les chapelles multipliées, et par conséquent trop petites. Elles sont étroites et manquent de symétrie. S'agit-il des pièces accessoires à ces monumens ; souvent elles interrompent l'unité générale, presque toujours elles nuisent à l'harmonie.

Il n'y a donc dans la disposition des temples modernes rien de commun avec les temples de l'antiquité. Voyons si, dans leur décoration, ils pourront soutenir le parallèle.

Dans les temples grecs et romains, la

décoration est pure ; le goût le dispute à la noblesse , l'élégance à la grâce, l'esprit à la magnificence.

Les architectes Italiens ont du goût, de l'esprit, et ne manquent point d'élégance ; mais ils péchent par la noblesse, la pureté et la magnificence. Ils ne sont point heureux dans le choix des ornemens, ils le sont encore moins dans la distribution des colonnes : presque jamais elles ne forment péristyle. Ils avancent les unes sur un premier plan, et reculent les autres pour former des arrière-corps ; ici elles sont engagées, là elles se pénètrent ; plus loin elles sont accouplées. S'ils les placent sur la même ligne, elles offrent souvent des entre-colonnemens inégaux. Que produisent toutes ces combinaisons ? nul autre effet que de montrer à l'œil une architecture lourde ou licencieuse. C'est bien pis encore lorsqu'ils substituent le pilastre aux colonnes. Loin de le placer dans les angles, ou de le faire servir à terminer une colonnade, ainsi qu'on

le remarque chez les Égyptiens et les Grecs,
ils en font l'objet d'une décoration principale. Ils semblent ignorer qu'une colonne
doit toujours le cacher lorsqu'il ne se présente que sur une seule face; que sur deux
et trois il est toléré, si au besoin de l'employer se joignent des raisons de solidité. Ils
ne sentent pas avec quelle réserve on doit le
montrer : ils le prodiguent à l'intérieur ainsi
qu'à l'extérieur. Pour le faire servir d'orne-
ment à des corps avancés, ils le ploient en
tout sens; et dans cet état, sa base et son
chapiteau sont méconnoissables.

Ils se rendent souvent coupables de défauts
non moins graves; car, dans les entre-colonnemens, ils placent quelquefois de doubles
niches ou des croisées au-dessus des portes.
Certains que personne ne peut approcher de
ces croisées, ils y adaptent un appui orné de
balustres. S'agit-il de donner de l'étendue à
leurs façades, ou de les varier; ils multiplient
les frontons, et cette belle portion des péris-

tyles grecs, perd chez eux son plus noble caractère : tantôt ils sont aigus ou circulaires, tantôt interrompus ou renfoncés. Ils y pratiquent des ouvertures ridicules, parfois même ils outragent le bon sens au point d'y placer des tables saillantes. Ils surchargent de moulures les pieds-droits, les impostes et les archivoltes, ou bien ils interrompent par des ressauts désagréables les lignes des chambranles et des appuis. On seroit tenté de croire qu'ils songeoient à étudier les vrais principes pour les éluder, à vanter les belles dispositions pour s'en écarter, à multiplier les richesses de l'art pour en diminuer le véritable éclat. Mais, puisque rien ne motivoit tant d'abus, et que de nos jours il s'en est introduit de semblables ou d'autres non moins fâcheux, il faut oser le répéter; point de lignes droites dans les arts, point d'unité réelle.

Le mauvais usage que font les Italiens du sublime patrimoine des Grecs et des Romains, auroit déshonoré l'architecture, si plusieurs hommes d'un goût épuré, mais parfois trop timides dans leurs conceptions, ne se fussent opposés à de telles licences. Nous disons timides, parce que l'on ne peut concevoir comment les Bramante, les Michel-Ange, les Vignole, les Palladio, les Scammozzi, et tant d'autres, n'ont jamais pu ni balancer le mérite des Grecs, ni même en approcher.

Bramante et Serlio ont peut-être mieux que les autres apprécié la belle simplicité grecque. On remarque, dans leurs productions, de la grâce, de la noblesse, et cette heureuse harmonie qui lie toutes les parties entre elles.

Michel-Ange au contraire s'écarte de toutes les règles; son imagination l'entraîne au-delà du but. Il croit être symétrique dans ses plans; il est contourné, et ne devient sublime que par les masses de ses productions.

Vignole aspire moins à l'honneur de produire des chefs-d'œuvre qu'à nous inspirer de l'admiration pour ceux de l'antiquité.

A son exemple, Scammozzi nous a laissé d'excellens traités d'architecture ; et si quelque chose a manqué à sa gloire, ce n'a point été l'occasion d'élever beaucoup de bâtimens, mais de pouvoir exécuter les plans de ceux auxquels il donnoit une préférence marquée.

Palladio, le plus ingénieux de tous, ne veut ressembler ni aux Grecs ni aux Romains ; il veut être Palladio : il se crée un genre, mais un genre léger, agréable et original tout ensemble. Il excelle dans l'art de tracer les profils, de dessiner un chapiteau, de rapetisser un entablement. Il est plein d'imagination, de verve, d'esprit, et ses plans, ses élévations et ses coupes sont marqués au coin du génie.

Ces hommages rendus à d'illustres architectes ne peuvent cependant les garantir du reproche qu'ils ont mérité, par leur éloignement pour le style grec. En vain on diroit qu'il n'en est point des temples chrétiens comme des temples du paganisme ; que les premiers, destinés à contenir un grand nombre de fidèles, sont consacrés, non à la vanité, mais à la gloire immortelle du Créateur de l'univers ; que pour donner à ces monumens l'élévation qu'ils exigent, on ne pouvoit se modeler sur les petites dimensions des temples grecs ; que pour les imiter en tout et produire un monument très-vaste, il eût fallu employer une ordonnance colossale. Nous répondrons que, si à la difficulté de combiner des chapiteaux qui auroient exigé de trop grands développemens, se joignoit l'impossibilité de construire des plates-bandes d'une trop grande longueur, ils devoient à l'envi exercer leur imagination à composer, non des ordonnances nouvelles, mais à étudier toutes les combinaisons qui pouvoient assurer aux temples chrétiens une architecture particulière.

Il y a deux sortes de temples modernes ; ceux qui ont été bâtis par les Italiens, ou d'après leurs principes ; et ceux, plus nouveaux encore, qui furent commencés ou érigés par des architectes français : mais, comme les temples gothiques n'appartiennent pas plus à la classe des temples anciens qu'à celle des modernes, et qu'ils sont destinés aux usages du culte catholique, nous les comparerons avec ces derniers.

Chez les Gaulois on remarque un style naïf et fier ; chez les modernes, un style maigre et lourd. Mis en parallèle avec les édifices gothiques, les temples modernes sont de petites masses qui annoncent de grandes prétentions. Lorsqu'on les considère, l'ame est sans action, l'esprit sans aliment ; ils n'inspirent ni recueillement ni piété. Leur décoration est conforme aux règles de la bonne architecture, nous le croyons ; mais cette décoration est sans mouvement. Au contraire, celle des anciennes basiliques dérive de la construction même ; et quoique sans art, elle en impose mille fois davantage. L'architecture gothique a de l'âpreté ; l'architecture moderne, de la monotonie. Celle-ci ressemble à un corps dont l'embonpoint efface les belles formes; l'autre, à un athlète dont les muscles attestent la vigueur.

Puisons nos exemples dans les quatre plus grands temples de Paris. Deux sont gothiques, la métropole et Saint-Eustache; deux sont modernes, Saint-Sulpice et Sainte-Geneviève : mais si l'on trouve une grande différence entre les deux premiers, peut-être en existera-t-il une plus grande encore entre les deux derniers.

L'église métropolitaine est purement gothique: celle de Saint-Eustache annonce l'époque de la renaissance des arts; elle est gothique par sa disposition, mixte par sa décoration; et ce mélange d'ornemens gothiques et grecs n'offriroit que bizarrerie, si ce défaut n'étoit racheté par un ensemble imposant.

Le temple de Saint-Sulpice a plus de superficie que celui de Saint-Eustache : mais comme il a plus de largeur, moins d'élévation, et que sa décoration n'a point d'unité, il paroît lourd. En revanche, son péristyle est magnifique ; il est si grand et si noble, que l'on y remarque à peine l'inconvenance des deux ordres placés l'un sur l'autre. Rien dans les temples modernes ne peut lui être comparé ; c'est l'œuvre du génie, de ce génie qui sait faire oublier jusqu'à ses égaremens (1).

Sainte-Geneviève ne ressemble à aucun des temples dont nous parlons : son architecture est grecque, comme celle de la basilique métropolitaine est gothique.

Sainte-Geneviève présente une croix grecque, du milieu de laquelle s'élève un dôme aussi imposant à l'intérieur qu'il est magnifique à l'extérieur ; et c'est par ce genre de construction que les modernes se distinguent de tous les peuples.

Les Égyptiens, les Grecs, les Romains et les constructeurs gothiques n'ont rien produit

---

(1) Ce bel ouvrage doit le complément de sa perfection à l'un de nos plus habiles architectes, M. Chalgrin, qui, sur ses dessins, a fait exécuter la tour du nord.

d'aussi merveilleux : on ne peut même opposer aux dômes ces hautes flèches gauloises qui se perdent dans les nues. Mais si les dômes distinguent les temples de tous les autres monumens, et s'ils provoquent l'admiration, ils ne sont cependant en architecture que des tours de force, sur-tout quand ils dépassent une certaine dimension. Cette dimension est-elle moyenne, leur durée n'en est pas beaucoup plus assurée; est-elle petite, ils paroissent mesquins.

Les uns et les autres nécessitent de doubles ou triples voûtes, et ces voûtes chargent l'édifice; elles s'appuient sur les trumeaux des croisées du dôme, et ces trumeaux sont autant de porte-à-faux. Elles n'ont pour arcs-boutans que des piliers ou des colonnes engagées, isolées ou formant galerie ; et ces piliers ou colonnes, disposés pour les embellir, sont un nouveau poids qui fatigue les grands cintres des croisées des nefs. Ainsi, quoique sublime, l'idée de construire des dômes a peut-être détourné les architectes modernes d'établir dans nos temple sacrés ces belles rangées de colonnes qui faisoient toute la majesté de ceux des Grecs.

Il étoit réservé à l'architecte de Sainte-Geneviève, au célèbre Soufflot, d'adapter à nos grands édifices sacrés la noble décoration de l'antiquité païenne. Jusqu'alors la routine avoit présidé à l'ordonnance de nos temples; on n'élevoit que des arcades, des pilastres et des voûtes monotones (1).

Le parallèle de ces quatre monumens se réduira donc à prouver que, depuis les Égyptiens, l'architecture des temples n'a que deux genres primitifs; celui des Grecs, et celui des constructeurs gothiques; que tous deux sont nobles, mais que le premier, aimable et gracieux, nous charme par sa simplicité et sa pureté, tandis que le second, imposant et

---

(1) Vies des fameux architectes depuis la renaissance des arts, *Paris*, 1787.

sévère , nous étonne par sa hardiesse et ses effets de perspective.

Maintenant, que l'on demande à qui l'on voudra lequel de ces deux temples convient le mieux à sa destination ; tous les avis se réuniront sans doute en faveur de la basilique métropolitaine, parce qu'elle a un caractère si particulier, qu'elle ne peut servir qu'à l'usage des cultes.

Au contraire, la disposition de Sainte-Geneviève est si élégante et si gracieuse , qu'il seroit facile de considérer ses nefs comme quatre salons magnifiques, qui aboutiroient à un cinquième salon plus magnifique encore, et de les disposer pour toute espèce de fête.

A ce défaut de convenance, la critique pourroit aisément en ajouter quelques autres ; mais elle est désarmée dès que l'on sait combien Soufflot fut contrarié lors de l'adoption de son projet.

« Dans le premier plan de l'auteur (1), dit

______

(1) Description du Panthéon Français , *Paris*, 1804.

» M. Rondelet, les quatre nefs étoient éga-
» les, d'où il résultoit, tant à l'intérieur qu'à
» l'extérieur, une régularité et une symétrie
» parfaite ; mais il fut obligé de déroger à la
» beauté de cette disposition, par des motifs
» de convenance relatifs au culte, en allon-
» geant la nef d'entrée et celle du fond par
» des parties en arcades qui ne s'accordent
» point avec le genre en colonnes adopté pour
» les nefs. La forme extérieure fut aussi altérée
» par les deux tours dont il fut obligé de flan-
» quer la nef du fond.

D'après notre opinion sur la métropole et
Sainte-Geneviève, il nous paroît constant (1)
que l'architecture est une science quant à la
construction, un art quant à la décoration ;
que la science a fait continuellement des
progrès (2), tandis que l'art dont elle s'em-
bellit a souvent éprouvé des révolutions si

____

(1) Question sur les progrès de l'architecture, *Paris.*
1805.

(2) La construction des dômes en est la preuve.

bizarres, qu'elles en ont ralenti les progrès.

Ce qui nous autorise encore à distinguer la science de l'art, c'est que les beaux ouvrages de l'architecte sont moins le jet de l'imagination, que le résultat de longues études; or ces études supposent un plus grand nombre de connoissances qu'il n'en faut, absolument, dans la profession des autres arts : aussi conviendra-t-on que, pour obtenir des succès durables, les jeunes architectes doivent acquérir une instruction solide. Cette instruction est d'autant plus indispensable, que l'architecte, moins heureux que le peintre et le sculpteur, n'a pas l'avantage de puiser ses conceptions dans les sources du beau idéal ou du beau absolu, domaine exclusif des arts d'imitation.

Le beau absolu (1) est l'imitation parfaite,

____

(1) Ce parallèle nous a été donné par un amateur très-éclairé. Nous le publions avec un grand plaisir, sur-tout quand il devient la preuve de ce que nous avançons.

et conforme aux règles de l'art, des plus beaux modèles que présente la nature.

Le beau idéal est la production du génie, qui perfectionne les objets qu'il imite, et leur prête, dans leur ensemble, des beautés d'un ordre, pour ainsi dire, surnaturel.

L'un, soumis à des règles invariables, peut être discuté, démontré.

L'autre, sans s'écarter des règles, s'élève au-dessus d'elles, et produit des impressions soudaines, qu'on ne peut définir.

Si l'un est l'ouvrage de la raison, du goût et de l'étude, l'autre réunit à ces avantages le feu de l'inspiration.

L'un fait naître une admiration calme et réfléchie ; l'autre exalte l'imagination, et fait partager, malgré soi, l'enthousiasme qui animoit l'artiste.

Il y a dans le beau absolu quelque chose de naturel qui frappe nos sens, commande les suffrages ; le beau idéal a je ne sais quoi de divin qui s'empare de l'ame, et la porte graduellement à l'état de contemplation.

Mais, si l'architecte ne crée point de ces objets propres à nourrir l'enthousiasme, et si la nature ne lui offre jamais de modèles entiers à imiter, il peut aisément se consoler; sa part est encore assez belle : car, quoique le véritable architecte puisse se passer de cette chaleur qui anime le peintre et le sculpteur, il n'en est pas moins doué d'un jugement sain, d'un esprit vif et pénétrant; comme eux, la raison, compagne inséparable du bon goût, le guide toujours dans ses travaux. Elle lui rappelle les usages, l'oblige à suivre les convenances, le rend scrupuleux sur l'examen des habitudes; par elle il apprend à donner à ses édifices un caractère distinctif, une sage disposition ; elle l'éclaire dans le choix d'ornemens appropriés, et lui facilite les moyens de concilier les grandes parties avec celles qui leur sont accessoires.

A-t-il achevé ses plans, les a-t-il soumis à l'opinion publique, l'autorité les a-t-elle adoptés; il n'a encore terminé que la moitié de son ouvrage. Le désir de le perfectionner l'oblige à consulter le peintre et le statuaire, afin que leurs productions soient en harmonie avec les siennes : il appelle à son secours le talent, l'industrie ; il prépare, ordonne, surveille les travaux ; il apprécie la loyauté, le zèle et l'habileté des entrepreneurs ; il juge de la quantité, de la qualité et de la valeur des matières qui entrent dans sa construction ; il n'est pas seulement artiste, il a toute la sagacité d'un administrateur. Actif, industrieux, prévoyant, rien n'échappe à sa vue ; et s'il est environné d'une juste sévérité, d'une indulgence louable, d'une probité à toute épreuve, il attache à son nom le sceau de la véritable gloire.

C'est principalement dans la composition et la construction des grands monumens, que toutes ces qualités sont nécessaires à l'architecte : aussi Bramante et Michel-Ange vivront-ils à jamais, eux qui ont produit le temple de Saint-Pierre de Rome : « monu-

» ment célèbre dans toutes les langues », dit
M. L. M. (1), « toujours supérieur à l'idée
» que l'on s'en fait, pourvu que le bon sens
» règle l'imagination ; temple auguste, qui
» n'eut jamais d'égal en grandeur, en majesté,
» en richesse, où la religion a rassemblé tout
» ce qui peut servir à animer, à nourrir la
» piété ; où la curiosité la plus avide et la plus
» intelligente trouve de quoi se satisfaire,
» revient sans cesse aux mêmes objets, et ne
» les quitte que déterminée à y revenir en-
» core ; où les artistes en tout genre, les plus
» critiques et les plus habiles, viennent ad-
» mirer et s'instruire ». C'est en nous servant
des expressions d'un homme plein d'un juste
enthousiasme, que nous vengerions les architectes italiens de notre propre critique,
si, dans l'intérêt des arts, la critique étoit
autre chose que cette bonne-foi qui nous
porte autant à vanter les conceptions des
artistes, qu'à blâmer les défauts qu'on re-

____

(1) Temples anciens et modernes.

marque dans leurs productions. En général, la critique est moins nuisible que la louange : l'une peut blesser l'amour-propre de celui qui en est l'objet, sans jamais retarder les progrès des arts, tandis que l'autre nuit souvent aux arts, sans beaucoup servir l'artiste. La critique est-elle injuste, l'ouvrage critiqué venge l'artiste ; est-elle sévère, c'est une leçon utile dont il doit profiter.

Nous devons donc nous épargner la peine de discourir sur les égaremens dans lesquels peut tomber celui qui crée un système, encoro moins de rappeler que, dans sa nouveauté, tout système a droit à l'indulgence.

Eh! qu'avons-nous besoin de cette indulgence? n'est-il pas reconnu que le propre d'un amateur est de sacrifier toutes ses prétentions au plaisir d'inspirer, même par ses erreurs, des idées qu'il croit susceptibles de contribuer au perfectionnement des arts?

C'est donc une obligation pour nous de publier le projet de temple que nous avons imaginé pour servir de preuve aux opinions émises dans le cours de notre parallèle ; mais, ainsi que quelques autres projets de notre invention, il est destiné à faire partie d'un ouvrage plus considérable. Nous nous contenterons d'en donner le programme, et nous observerons qu'il s'agit moins de décider si ce programme est bien ou mal conçu, que d'examiner si, rigoureusement, nous en avons rempli les conditions.

Nous avons supposé que l'on demandoit les dessins d'un temple d'une dimension, en surface et en élévation, à peu près égale à Saint-Pierre de Rome.

On choisira entre la croix grecque et la croix latine.

Il régnera une parfaite symétrie dans tout l'édifice. La nécessité de faire précéder l'entrée principale d'un péristyle aussi noble qu'imposant, pourra seule, au-dedans et au-dehors, interrompre la symétrie.

De larges bas-côtés suivront les lignes de

la croix : ces bas-côtés seront simples, doubles ou triples. En les parcourant, on trouvera trois grandes chapelles et quelques autres plus petites.

Les sacristies devront faire partie du plan général.

On ne veut qu'un seul ordre dans la façade et dans l'intérieur. L'ordonnance sera grecque, romaine, gothique ou moderne, ou bien elle participera des unes et des autres, ou enfin elle sera de nouvelle création.

Quelque genre que l'on adopte, les colonnes n'auront de diamètre qu'un mètre un tiers, ou un mètre deux tiers au plus.

Il n'y aura ni dôme proprement dit, ni tours, ni clochers; le dôme pourra être remplacé par une espèce de lanterne.

Demander que ce monument soit aussi vaste que celui de Saint-Pierre de Rome, c'est demander qu'il ait au moins 25 mètres de largeur sur 5o de hauteur.

Si, dans les proportions ordinaires, cela

suppose en élévation plus de 57 mètres avant la naissance des voûtes, par quel moyen parviendra-t-on à décorer cette grande hauteur? Ce ne sera point en imitant les Grecs, qui, dans leurs ordonnances, n'admettoient que la colonne et l'entablement; ce ne sera pas en employant des piédestaux comme les Romains : car on n'atteindroit point encore le but, le diamètre des colonnes ne pouvant excéder un mètre, un ou deux tiers (1).

Pour répondre aux données du programme, faudra-t-il renoncer aux ordres grecs, à toutes les combinaisons plus ou moins heureuses qu'ils ont éprouvées, recourir à ce que les Goths, les Arabes, les Maures, les Sarasins, même les Chinois et les Turcs, ont inventé de plus délié ou

______

(1) Un habile critique observoit dernièrement que l'architecture des Grecs s'adaptoit mieux aux édifices de peu d'étendue qu'aux vastes constructions. Il étoit question des palais. Qu'auroit-il dit en parlant de nos temples catholiques ?

de plus bizarre, ou bien créer un nouvel ordre d'architecture ? Nous n'avons adopté aucun de ces moyens ; admirateurs des conceptions grecques, amis des productions gothiques, qui ont pour objet la science de la construction de nos grandes basiliques, nous avons essayé de marier l'art des uns à la science des autres. En effet, quoi de plus noble et de plus magnifique que les temples grecs ! Quoi de plus étonnant que les temples gothiques ! Du charme des uns et de la hardiesse des autres, nous espérons former un ensemble digne de notre sujet. Pourroit-on nous blâmer d'oser l'entreprendre ? et qui pourroit nous reprocher de vouloir approprier les conceptions du génie des Grecs à nos usages, à nos besoins ? S'ils peignoient la miniature, ou, pour mieux dire, si l'échelle de leurs monumens avoit pour type la stature de l'homme, qui nous défendroit de proportionner, s'il est possible, celle de nos édifices sacrés à l'immensité de la nature?

Efforçons-nous d'être en ce genre aussi sublimes qu'ils se montroient aimables, aussi magnifiques qu'ils étoient harmonieux et riches. Comme les Romains, combinons les moyens de faire de plus grands édifices que les leurs; rappelons dans toutes nos conceptions le caractère français; souvenons-nous que si nous n'égalons les Grecs en génie, il nous est permis d'aspirer à un degré de gloire au moins égal à celui qu'ont obtenu les Romains. Quel siècle pourroit plus justement nous inspirer de si nobles désirs!

Remplis de ces idées, nous avons adopté dans notre projet les ogives et les voûtes en arêtes des constructeurs gothiques. C'est la seule innovation que nous nous soyons permise.

A l'aide des ogives, nous grandissons notre ordonnance; nous acquérons de la légèreté, de la solidité; en suivant le même système pour nos voûtes, en faisant revivre ces effets de perspective que l'on admire dans nos anciennes basiliques, nous obtenons ce mouvement et cette variété que n'ont jamais les voûtes en plein cintre.

On peut nous reprocher, il est vrai, de ne produire qu'un genre mixte, de n'avoir ni la beauté des formes grecques, ni la légèreté des constructions gothiques : mais si notre innovation participe du gothique, elle imprime à notre temple ce caractère de gravité qui lui convient si bien; elle lui donne un aspect imposant et lui assure une grande solidité. Le genre d'architecture qui en résulte, a moins de charmes que celui des Grecs ; mais il est plus superbe que celui des constructeurs gothiques; en un mot, il distingueroit les temples, de tous les monumens qui ont l'homme pour objet.

Dans l'empire des sciences et des arts, qui les chérit, peut-il rester sans ambition? Pour la satisfaire, il doit braver les préjugés, les habitudes, faire subir au goût les épreuves de la raison, mettre à contribution le mérite des Égyptiens, le génie des Grecs, le talent des Romains, et l'habileté des architectes gothiques; et de la réunion des idées nobles et sublimes qu'il puisera à des sources si abondantes, nous verrons peut-être s'élever des temples qui le disputeront, par leur solidité, à la durée de l'histoire.

Nous terminerions ici la tâche que nous nous sommes imposée, si nous n'éprouvions le besoin de rendre hommage à ceux qui, dans tous les temps, ont été chargés de la surveillance des temples.

Mieux que les autres monumens, les temples étoient visités, entretenus. Ils appartenoient à des sociétés, qui pour prévenir de grandes réparations en faisoient souvent de petites ; ces réunions d'hommes éclairés choisissoient, parmi les membres qui les composoient, ceux dont les talens et les dispositions leur assuroient des agens capables de répondre à leur confiance : des fonds étoient affectés spécialement, et presque toujours par des dotations, à tel ou tel genre d'entretien ; et si la somme ne suffisoit pas, l'excédant se prélevoit sur la masse générale des revenus de la société. Ainsi le devoir, le zèle et l'intérêt, garantissoient les soins particuliers qu'ils donnoient à ces édifices.

Les mêmes soins ne manqueront point aujourd'hui, quoique les moyens soient différens. Chaque monument a son gardien : il veille à la propreté ainsi qu'à la décoration. Dès l'aube du jour (1) il en parcourt l'enceinte au-dedans et au-dehors, et, comme le jeune homme du temple de Delphes, il prend son arc et son carquois pour écarter les oiseaux qui viennent se poser sur le toit de l'édifice ou sur les statues qui sont dans l'enceinte sacrée.

____

(1) **Voyage du jeune Anacharsis.**

Comme chez les Grecs, nos monumens deviendront les objets de notre attention, principalement ceux que la victoire vient d'élever, ou qu'elle élève encore de tous côtés. Déjà ils nous rappellent tant d'illustres souvenirs, tant de sentimens nobles et généreux !

Pour mieux jouir du précieux avantage de notre position, n'oublions jamais que l'anarchie précipite les arts dans le néant, que l'ignorance les exile. Enfans de l'indépendance et du bonheur, l'auguste protection du souverain, la faveur des grands et les encouragemens des artistes et des savans, ouvrent à ceux qui les cultivent, le chemin de la gloire. C'est ainsi que l'architecture a obtenu de grands succès chez les peuples dont nous venons de parler, parce qu'il s'est trouvé des hommes constitués en dignité qui l'ont honoré, en l'étudiant eux-mêmes ou bien en lui prêtant un appui tutélaire.

Mais si les Égyptiens se sont glorifiés d'avoir

compté un Sésostris, les Grecs un Périclès, les Romains un Auguste, les Gaulois un Charlemagne, nous trouvons aujourd'hui dans un seul homme les vertus, le génie, les talens et la valeur de ces héros immortels.

De l'Imprimerie de PLASSAN, Imprimeur de la Grande-Chancellerie de la Légion d'honneur. rue de Vaugirard, n.° 9.

www.ingramcontent.com/pod-product-compliance
Ingram Content Group UK Ltd.
Pitfield, Milton Keynes, MK11 3LW, UK
UKHW031827170726
13836UKWH00004B/1544